청어詩人選 501

시간을 이기는
어둠은 없다

노금희 시집

청어

시간을 이기는 어둠은 없다

노금희 시집

추천사

 노금희 시인의 작품을 읽어 보면 K-무비 '시인 할매'나 모파상의 '여자의 일생'이 연상된다. 늦깎이로 시 공부를 시작한 시인의 이력 자체가 단단한 나이테 같은 서정의 원형을 이루고 있으며, 파란의 삶 속에서 길어 올린 시어들을 벼린 흔적이 역력하다. 코믹, 액션, 최루. 서사를 잘 버무린 영화가 좋은 영화라면, 주관적 관점의 좋은 시란 함축된 시어와 이미지, 쉽고 간결한 비유의 시라고 생각한다. 이런 관점에서 노 시인의 시편들은 가족애와 어머니에 대한 그리움, 자식에 대한 무한 사랑이 가슴 뭉클한 감동을 선사한다. 풍자와 해학의 사투리 시편들은 날카로운 펜의 힘으로 우리 사회에 넌지시 지청구를 하기도 한다. 사람 사는 세상에 대한 따뜻한 시선과 서정의 정서가 깃든 작품들은 인정 많은 시인의 성정에서 발로된 것으로 여겨진다. 만학도의 첫 시집 상재를 축하하며 존경의 박수를 보낸다. 가족과 고향이 그리운 날, 노금희 시인의 시집 『시간을 이기는 어둠은 없다』를 추천한다. 여여하시라.

―김원식(시인·한겨레 문인협회 이사장·천상병 문학제 대회장)

자서自序

지구의 흙을 함께 밟으며 살다가
호랑이는 가죽을 남긴다는데…
아이들에게 뿌리 깊은 진심을 심어주고 싶어
몇 자 적습니다.
시간을 아무리 붙잡으려 해도
멈추지 않은 뒤를 따라 살면서,
나팔꽃을 보면 함께 따라 웃고
비 젖은 연꽃을 보면 같이 울던 세월.
함께 버무려 비빔밥 인생을 살았습니다.
이젠 가족의 등대로 살고 싶습니다.
제 어깨에도 자유의 깃털이 돋고 있습니다.

2025년 여름 경안천에서
노금희

차례

4 추천사_김원식 시인
5 자서(自序)

제1부 국지성 호우

12 엄마의 향기
13 빗물의 무늬
14 피리 부는 바람
15 종이컵의 지조
16 장마앓이
18 항암의 손
20 비밀번호 없는 금고
22 달동네 재개발
24 코로나19
25 수문 없는 하늘 댐
26 마스크
27 국지성 호우
28 고장 난 기억
30 각질
31 달빛 숨소리
32 물폭탄
33 푸념

34 자유
35 준비 없는 이별
36 쪽방촌의 봄날
38 호랑나비
39 막걸리 꽃병
40 시간을 이기는 어둠은 없다
42 연리(蓮理)가 되어버린 밤
44 거울
45 수박
46 폐지 위의 하루
47 홀지풍파(忽地風波)*
48 개구리 장례식
49 교정(校訂)
50 첫걸음

제2부 사투리 세상사

52 올챙이 시절 잊지 마소
54 철부지의 일기
56 쌍가마 속 노숙
58 신세타령
60 하늘에 매달린 벌집

- 62 식겁했다
- 65 옴마 귓구녕이 절벽인갑소
- 66 은쟁반에 구슬치기
- 68 은혜를 갚아야 맴이 게보와
- 70 장터 풍경
- 72 꽃불로 끓인 탕
- 74 거리두기
- 76 황금 달
- 78 할매 푸념
- 80 방굉일*
- 82 한 종재기 걱정
- 84 주딩이가 귀에 걸린 반찬
- 86 먹물 시수 가문
- 88 창시가 요동치는 그 맛
- 90 두 주딩이 풍년
- 92 거시기 아부지
- 94 옛날로 가는 길목

제3부 눌러쓴 엄마의 이력서

- 96 천년의 향기
- 98 엄마꽃 필 무렵
- 100 참깨의 가출
- 101 천왕봉의 미소
- 102 합격 통지서

104 백두 송이*
105 들꽃 닮은 엄마
106 만학
108 고향의 그림자
110 MRI의 눈
111 절망
112 바람둥이
113 무덤의 슬픔
114 손길
115 페달
116 3일 월세방
118 박물관 농장
119 소리 없는 통곡
120 진심의 뿌리
122 스트레스 녹이는 공장
123 허수아비의 가을
124 거울
125 묵화
126 귀로 먹는 반찬

제1부

국지성 호우

등뼈도 없는 물이 하수구에서 똬리를 틀고
수국 같은 물 꽃송이를 연신 피워 올린다
금세 시든 얼룩이 사탄의 추상화 같다
깨진 허공의 검은 띠구름 조각은
세상의 정신 줄마저 흔들어 놓는다

엄마의 향기

오랜만에 고향을 찾아가는 길
KTX 열차는 나를 업고 달린다
나를 제치고 뛰는 빌딩과 나무들
손차양하고 창밖을 바라보니
몸은 무거워도 발걸음 가볍구나!
젊은 날 너희들만큼 잘 뛰었는데
앉은 채로 도착한 열한 시 순천역
마중 나온 시동생과 동서 얼굴을 보니
주책없이 눈물이 먼저 반긴다
코로나를 밀치고 추모관에 들르니
구름 속에서 반기는 어머니 얼굴
멀리 가버린 설움과 그리움을 뒤로한 채
영전에 외로움을 따라놓고 역으로 왔다
시동생이 서운함을 담은 상자를 챙겨준다
집에 와 보니 끈끈한 고향의 정이 넘치는
꽃숭어리처럼 줄지어 열린 바다 꽃나무와
거북 등껍질처럼 단단한 전복도 있었다
낙지발에 금낭화꽃 활짝 핀 저녁 차림
갈낙탕과 전복 초무침에 가족들 입에서
금낭화 향기가 맛있게 풀려나왔다.
밀물과 썰물이 출렁이는 거실에
어머니 향수로 차린 고향 밥상이 울먹인다

빗물의 무늬

무시로 퍼붓던 7월 장마였다네
모퉁이 전봇대 밑에
아무렇게나 버려진 우산
짧았던 젊음의 무늬가 묻어있네!
팔이 꺾인 우산 앓는 소리가
귓문 열고 들어와 귀걸이처럼 매달리네!

손녀 등교시켜 주는 길
스치는 노신사 우산 위에서
겁 없이 뛰어내린 빗물의 발길이
내 어깨를 밟고 지나가네!
송곳처럼 찌르는 빗물이 얄밉네!
중절모를 쓴 그녀의 모습이
가슴팍을 살짝 밟고 스치는 순간
색깔도 그림자도 없는
얼룩진 비의 하얀 눈물을 보았네!

피리 부는 바람

파리한 일몰의 공원 잔디 위
세상을 다 내려놓은 듯
초점 잃은 햇살을 베고 누운 사람
덩달아 누운 빈 막걸릿병에
지나던 바람이 피리를 불어준다
부끄러움을 덮어버린 눈꺼풀
드르렁드르렁 난타 주인공이 되어
삶에 그을려 불콰해진 얼굴로 하루를 닫는다

코로나19가 침략자처럼 출근을 막아
너나 할 것 없이
물때에 밀려다니는 어종 같은 실업자들
세월의 무게에 짓눌려
막걸리 시름 속에 쓰러지고 말았을까?
기억의 뒤꿈치가 다 닳아버린 가족들이
와자하게 밀려오는 소리에 놀라
벌떡 일어나 등을 보이는 벤치가 된 아버지

종이컵의 지조

지루한 일생이 밧줄에 묶인 듯
화염 속에서 단련한 도자기 컵들
두툼한 입술 하나 가지고
카페에서 쌍화차를 마신다
지조 없이 아무 입술이나 훔치고
샤워하고 나면 또 기웃거리는 입술
어사 명 거역하고 삼목(三木) 칼 앞에서
절개를 지키던 춘향이가 무색하다
도자기 컵을 비웃는 하얀 종이컵
단 열흘 동안 지상의 삶을 위해
칠 년을 암흑 속에서 견딘 매미처럼
미인의 삶을 갈망하다 성형을 한
미끈한 입 하나 달고 사는 일회용 컵
한 번의 입맞춤에도 절개를 지키고자
재활용도 없이 단번에 생을 마감한다
가족도 찾지 못한 채 버려진 종이컵
쓰레기통 노숙자로 흘린 눈물 속에는
지상의 수많은 줄임표가 구겨져 있다
1907년 종이컵을 발명한 휴 무어,
그 푸른 눈동자의 엄마를 찾아 나선다

장마앓이

장마가 몸살을 앓는 7월
빗줄기가 벽을 세운 이른 아침
파란 비옷의 아저씨는 하얀 벽을 뚫고
대문 밖으로 한 동이 빗물을 짊어지고
밤새 떨고 있던 상가 쪽으로 간다
하나둘 인기척이 어둠의 숨통을 지우는 시장
세상 눈초리는 아랑곳하지 않고
담배 한 모금에 고단함을 태워 본다
시비하며 덤비는 질긴 하루와의 전쟁,
갈치, 조기, 장대, 민어, 도미는
후줄근한 시간이 늘어지는 동안
생선 눈동자는 풀리고
시장바닥 구석으로 내몰린 갈급함
지나는 뒷모습에도
"어서 오세요."
"뭐가 필요하세요?"
"이것 얼마예요?"
빈말에도 수지가 날 것 같은 느낌,
함박꽃 피던 입꼬리 금세 시들고
지폐를 몇 장 내미는 손님의 손끝에
집 지키던 애완견처럼 아내 얼굴도 쨍하다

황토물이 길을 넘는 7월의 해거름 녘
하루를 주무르던 꼬깃꼬깃한 일당에
집으로 가는 어둠의 발걸음이 가벼워진다

항암의 손

맥없이 늘어지던 어느 날
무소식으로 살던 친구가 찾아왔다
입을 쩍 벌린 채 할 말을 잃고
가시 찔린 듯 화들짝 정신이 든다
잊고 살던 친구 방문에
황소 눈이 되어버린 아이들
묻어둔 말들이 눈가에 맺히고
'엄마, 괜찮아. 수술하면 돼요.'
허공을 뛰어내린 수액을 응시하며
의사의 손놀림과 날카로운 눈빛이
내 가슴속에 메스를 대는 듯하다
기도하는 도인처럼 호흡을 멈춘 채
한 생의 우여곡절을 잘라내는 순간,
전등 빛도 제 몸을 섞자고 달려들고
큰 숨소리 한 사발 영혼과 접속을 끊는다
세 아이의 밥주발이 깨진 것처럼
가슴 한쪽이 가뭄에 말라붙은 연못이 되었다
항암 치료로 숭숭 빠지는 머리카락
절벽에서 미끄러지는 순간,
친구를 보내지 말라고 떼쓰는 오장육부
첫아이 입덧보다 힘에 부친 토악질이다

일순간 삶의 꽃밭을 갈아엎은 전쟁통
한기 든 몸뚱이와 빛바랜 항암의 손발톱
낡은 나룻배가 실루엣처럼 멀어지면서
암흑 속에서 분홍빛 손톱이 싹트고 있다

비밀번호 없는 금고

열쇠를 돌리지 않아도 문이 열려있는 금고
지나는 바람이 갈대숲을 희롱하고
조금이 되면 생명체들의
진흙 팩 놀이 축제가 열린다
달빛도 농게를 희롱하고
생존 투쟁으로 피 흘리며
결투를 벌이는 순천만 습지
웬만한 바다는 다 들어와 있다
갈대 뿌리 풍부한 유기물 개펄에
소라, 굴, 바지락, 홍합, 새우, 게, 낙지, 숭어
갯지렁이가 먹이 쟁탈전을 벌이고
훑이기 그넷줄에 매달려 은빛 지느러미 뽐내는
순천만 홍보대사 짱뚱어
아낙들은 조개 호미, 갈고리로 지폐를 캐 모으고
직파로 파종을 안 해도 뭇별들이 뛰어 내려와
무수한 생명체가 서식하는 습지
겨울엔 서걱거리는 갈대숲이
한 해의 누운 계산법을 마무리하게 된다
봄을 이기는 겨울 없듯
연둣빛 갈대숲은 지폐를 찍어내고
죽도봉 흰 구름에 붉은 노을이 걸릴 때

장어 치어가 동해를 건너와 외화벌이까지 짭짤하다
함박웃음이 걸려있는 담장에 펄럭이는
유네스코 생물 보전 지역으로 지정된 순천만 습지

달동네 재개발

알콩달콩 이미 예견된 이별
속박하던 겨울 같은 지난날
멈춰버린 추억이 되고
빛을 잃고 꿈을 잉태하고 있다

고속 길을 달리던 친구는
고물상에서 자결하고
꽃 누비는 건강검진을 받고
어느 사찰로 스스로 유배되었다
마님 문간 쪽방에 거주하던 삶
칭찬하던 손님도 구경꾼도 만날 수 없다

놀고 싶어도 견뎌야 했던 시절
지금은 자유의 몸이 되었다
자식을 냇물에 빠뜨린 것처럼
서리서리 맺힌 한을 곱씹으며
베갯잇에 묵화(墨畵)를 그리던 마님

풀벌레 울음소리 산나물을 키우고
야생 꽃잎으로 끼니를 채우는 바늘 끝
어둠은 소음과 질주를 하나씩 지우고
재봉틀 통곡 소리는 마님 귀 벽에
뽑히지 않은 세상의 잡풀이 되었다

코로나19

평화롭게 자리 잡은 봄날
우한에서 하늘길 건너온
바이러스가 꿈틀거린다
신천지교회 민들레씨처럼
날아다니던 바이러스
예쁜 아가씨가 거울 속에서
꼭 닮은 아이를 낳듯
침략자들도 온 세상을 점령한다
집도 코로나 뉴스로 정복당한다
홍수처럼 번지는 확진자들
온 세계에 주파수처럼 번지며
미국, 이탈리아, 프랑스, 인도, 일본
지구를 쓰나미가 쓸고 가듯
바이러스 전쟁 속 폐허가 되고,
일상이 멈추어 버린 대한민국을
온 세계가 국경을 닫고 있다
방치하던 마스크는 금값보다 비싸다
의료진의 방호복과 소독 통들은
새벽하늘 견명성(見明星)처럼 빛나며
K-코로나 선진국 모델이 되었다

수문 없는 하늘 댐

후드득 툭,
바퀴가 돌면 뽑아내는 하얀 면발
온 백성이 멀미가 나도록 누렇다
이재민과 자원봉사자들
눅눅한 땀을 허물처럼 걸치고
수마의 상처를 트럭 위로 던지는 오후
거리마다 쓰레기가 길을 막고
빗줄기 속 하루는 절망뿐인데
장마의 창은 날카롭기가 끝이 없다
비구름이 몰려다니는 곳마다
온통 쓰레기 매립지가 되고
하루아침에 이재민이 된 서민들
한숨 소리는 알곡처럼 쌓이고
끝없는 두려움은 수재민을 겁박한다
물바다가 된 면 소재지
지붕은 물고기 떼처럼 떠 있고
사시나무 떨듯 공포에 질린 주민들
일상을 침몰시킨 악마 같은 장마

부디 장대비의 폭력이 멈추기를
때론, 기도가 삶의 전부일 때도 있다

마스크

선인장 가시 같은 말이 춤을 추는 세상
코로나19가 먼저 알고 사람의 입을 봉했다
탄광에서 끈이 다 낡아버린 천민 같던 마스크
천정부지로 몸값을 올리는 요즘
금은방 금붙이 액세서리가 고개를 들고
금과 마스크가 몸값을 겨루며 눈싸움한다
코로나가 삶을 막아선 길목
은밀한 속옷처럼 일상이 된 마스크,
헌신짝 같던 마스크가 생명줄이 되었다
울화가 치미는 사람은 미인들뿐일까
앵두 같은 입술도 마스크를 밀어낼 수 없다
마스크가 고마운 사람은 범죄자뿐만이 아니다
지구를 훼손한 우리들 스스로가 아닐까

국지성 호우

하늘이 치마폭을 펼친 듯 어둠이 엄습한
손님을 기다리던 오후
천둥소리에 감전된 허공이 녹아내린다
느닷없이 시장 골목을 짓밟은 수마의 발길
점령군처럼 가게 안으로 쳐들어온
늦가을 낙엽 같은 붉은 물의 혀,
포장된 상품들이 배수진을 치지만
불길함은 가슴까지 차오르고
벽 속에 숨어 살던 벌레들이
젖은 상품 위로 기어올라 헐떡인다
등뼈도 없는 물이 하수구에서 똬리를 틀고
수국 같은 물 꽃송이를 연신 피워올린다
금세 시든 얼룩이 사탄의 추상화 같다
깨진 허공의 검은 띠구름 조각은
세상의 정신 줄마저 흔들어 놓는다
시침 떼듯 사라지는 구정물의 뒷모습
망연자실한 상인들 한탄만 쏟아져나온다
물살에 멱살 잡혔던 상품들이 밖으로 끌려 나와
구석에 웅크리고 앉아 노숙 신세가 되었다
혼란에 빠진 상인들 걱정을 복사해서
하늘 우체국으로 항의 편지를 보낸다

고장 난 기억

한 번 입력해 놓으면 결코, 잊지 않는
무선통신망 아저씨가 시장에 살고 있다

급하게 이웃 전화번호가 필요할 때
막힘없이 알려주는 인기 최고 아저씨
간판 전화번호, 상인회원, 축구회원
모두가 놀라는 5G급 인간 통신이다

어느 날 등에 뾰루지가 난 아저씨
입에 저울추를 달아놓고 설마, 하다가
너무 늦게 입 밖으로 튀어나온 아픔!
덤 풀 밑에 가시처럼 숨어 있던
대상포진이 촉수를 세우고 덮쳤다
끝내, 기억력이 흐려져 때도 없이
시계가 고장 났다며 밥을 달라고 성화다

골목마다 소문이 불길처럼 번졌다
시장 곳곳에 박힌 아저씨 발자국이
골목 끝까지 주렁주렁 매달려 종을 울렸다
대상포진은 기억공장까지 침범했고
조금만 가려워도 신경 촉수가 곤두섰다
아저씨가 서서히 기억을 되찾는 만큼
시장 골목의 웃음소리도 점점 와자해졌다

각질

바스락바스락 낙엽이 걷는 소리
결핍의 세월을 건너온 시간들
삶의 마디마다 나이테 같은 이력이
내몰린 삶을 원망이라도 하듯
뒤척이는 몸 이불 홑청을 휘감으며
서걱서걱 울음을 삭히는 각질
세상 풍파를 맨살로 막아선
질곡의 뒤켠에
궁핍한 말들이 앞마당 이삭이 되어
내일이면 빛이 되어 들어오겠지
하염없던 기다림으로
등고선 같은 미로를 헤치고 나온
손바닥의 긴 여정을 들여다본다
이 길을 따라온 아이들이
샛별처럼 삶의 좌표가 되어 주었다

달빛 숨소리

쫓기는 파도의 하얀 울음소리처럼
철썩철썩 숨 가쁜 물레방아 뒤
살며시 당기는 온화한 손길
뜨거운 거리를 좁히는 가슴속엔
콩콩 뛰는 숨소리가 걸어 나온다
달빛은 늦가을 조밭처럼 일렁이고
바람은 물레방아를 연신 돌리고 있다
담벼락 담쟁이는 처녀 등을 꼭 붙잡고
더벅머리 총각이 입술을 훔친다
시샘하듯 뒷산 뻐꾸기 자지러지고
놀란 초승달은 구름 속으로 숨는다
담쟁이 웃음소리가 뚝 뚝 떨어지는 밤
물레방앗간 달빛 숨소리도 거칠었다

물폭탄

벽을 뚫고 들어온 뉴스가 풀썩 주저앉는다
기후변화로 복부가 팽만해진 재난 조각들이
맨홀 뚜껑을 분수처럼 뱉어버린다
물 폭탄이 터진 세상,
먹물 든 원단을 천지에 펼쳐놓은 듯하다
물 위에 뜬 지붕은 섬이 되고
가재도구가 물고기처럼 유영한다
역류하는 비의 입을 막아야 할 대책이 없다
거목들이 급류에 휩쓸리는 순간,
산사태로 흔적도 없이 사라진 부부
아무리 불러도 대답이 없다
푸른 비명만 흰 보자기에 담고
부모의 통곡 소리만 수문 넘어 자식을 찾는다
체육관 벌집 같은 텐트 안에서
과적된 피로를 잠재우려는 이재민들
망연자실 진흙탕 현실에 눈을 감지 못한다
못난 사람끼리 바지를 걷어붙이고
그칠 줄 모르는 폭우 속에서 물을 퍼낸다
복구 작업 봉사자들 구슬 땀방울이
무지개처럼 반짝이는 저녁 답,
산등성에 걸려있는 내일이 웃고 있다

푸념

시든 나팔꽃처럼 수분이 빠진 낯빛
늦가을 마른 수숫대 서걱거리는 날
불안한 마음만 커가는 오후
괜찮다고 변명만 둘러대는 입술
굳건히 삼 남매 디딤돌이 된
파란만장한 삶을 어찌 말로 다 할까
가슴에 쌓인 세월까지 털어내면서
꼭 잡던 손길 온기가 식어가는데
침묵은 눈가의 하얀 그림자로 남았다
모진 고달픔을 싣고 온 무게
기름칠도 못 한 바퀴는 삐걱거리고
천근만근 발걸음도 끌려오면서
한숨 속에 묻어둔 지난날들
"임이시여!
 무거운 그 짐!
 흐르는 저 강물에 종이배처럼 띄우고
 바람에 쓰러진 들풀을 이슬이 일으키듯
 기적의 25시 태양이 뜨게 해 주소서"

자유

갈매기 새끼 비상의 깃털이 자라듯
육십 년 넘게 재봉틀에 묶여 있던 발목
어미 갈매기 날개 속에서 살아온 시간
바다를 나는 꿈이 자라듯
내 발끝에도 깃털이 숭숭 자라고 있다
매일 아침이 밝아올 때마다
근심과 불안의 끈을 끊어내지 못하고
너털웃음 앞세워 일상을 서성거렸다
풀린 태엽처럼 맥이 풀린 하루하루
그런데 요즘은 갈매기가 친구가 되고
멍든 가슴이 울던 밤도
접동새가 대신 울어주었다
늘어진 고무줄 조여들던 순간들이
훨훨 흰 구름을 타고 날아가고
스포츠 댄스 학원 여섯 박자 리듬 속에
벚꽃잎처럼 나풀거리는 즐거움이
파도처럼 위태롭게 출렁인다
삶의 자유가 갈매기처럼 날갯짓한다

준비 없는 이별

작명소 간판처럼 깜빡이는 대기 번호
초침 소리를 내며 174번을 부른다

605호 침대에서 가운을 갈아입는다
"괜찮으세요?"
걱정이 묵직하게 매달려 있는 눈꺼풀로
아이들의 씁쌀한 미소가 나를 바라본다

팔목을 잡는 바코드 찍힌 팔찌
생명 줄을 꼭 쥐고
금팔찌 천근보다 무거운 마음을 다잡는다
꿈이었으면 좋으련만 현실은 냉혹하다

언제일지 모르는 이별이
계면쩍은 듯이 아는 척한다
남 일처럼 모르는 척 등을 돌리며
차라리 나를 탓하며 슬며시 입술을 깨운다

쪽방촌의 봄날

혈연마저 막아버린 코로나는
고독한 침묵 가득 찬 쪽방
묵은김치도 곰팡이가 피었다
3일 지난 밥솥이 기지개를 켜는
익모초보다 쓴 밥상머리다

수수깡 같은 체구, 퀭한 눈,
검버섯이 피어있는 얼굴이
전기가 끊긴 전기장판 위에
고슴도치처럼 웅크리고 앉아있다

"똑똑, 어르신 계세요?"
적막을 깨뜨리는 목소리
지팡이로 문을 열고 앉는다
봉사단이 들고 온 도시락 온기가
기울었던 절망을 곧추세운다

꽃밭 같은 밥상의 음식들
쌀밥, 치킨, 제육, 산나물, 깍두기
입안에 퍼지는 별미의 향연에
꼿꼿한 노후가 피돌기를 한다
수라상 부럽지 않은 봄날이다

호랑나비
―한복 디자이너 박술녀 여사

모정의 날갯짓을 보며
작은 날개로 날 수도 없고
상념만 들풀 위에 앉아 있네

다 낡아버린 어미의 치마폭은
나비가 되어 나풀거리네

세월이 더디게 키워준
무지개 날개는 꽃향기를 날고

날갯짓 음표는 산천에 퍼져
인산인해를 이루고
고아한 함성이 절로 터진다

호랑나비 날개에서
꿀이 뚝뚝 떨어지는 박술녀 여사…

막걸리 꽃병

남의 동전 한 잎은
하루치의 행복이었다
콸콸 막걸리 울음에
불콰한 꽃 입가에 핀다

풀썩 스러진 꽃 한 송이
바람이 꺾어 온 꽃인가
세상 바깥의 눈물 꽃인가?

이 풍진 세상
소풍 떠나던 날
팔백 송이 국화의 조문

간당간당한 노잣돈
그마저 헛되다고
삼백 송이는 관 속에 태웠는가?

꽃자리 우뚝 선 귀천 시비
시월 빈 하늘을 잘도 저어간다

시간을 이기는 어둠은 없다

스위치를 끈 어둠이 세상을 잠재우고
움직이는 모든 것들이 고요해지면
울음으로 하루를 버무리던 치매 할머니

두렵던 시간도 다시 그리워지는
모두가 퇴원한 3인실 605호실
홀로 덩그러니 남은 외로움의
허리를 꼭 안아주는 침대
얇은 시트가 지난한 과거를 감싸주고
희미한 불빛이 고독한 희망처럼 흐리다

비몽사몽 내 삶의 유언을 끄적이는데
씁쌀하게 떠오르는 추억의 미소가
외로움의 등을 토닥여준다

긴 밤을 위로해 주던 가로등은 눈을 감고
새벽은 시간의 뒷덜미를 잡고 일어난다
체온계의 발걸음 소리와 링거 눈물 소리가
두려움으로 잠에 취한 눈꺼풀을 깨우고
태양은 희망의 뒤에서 방문객처럼 찾아온다

어둠에서 다시, 어둠까지 걸어온 시간
빛의 그림자가 기억을 더듬고 있다

연리(蓮理)가 되어버린 밤

무작정 나를 끌고 가는 그리움
은밀한 곳에 외로움이 고여 있다
치료차 사자가 사는 무인도에 갔다
각이 선 돌담이 길을 나서고
수억 년 된 바람이 주인인 섬
어쩌자고 사자는 이 섬에 사는 걸까
연락도 없이 찾아가니
구릿빛 얼굴이 반가움에 놀란다
말라버린 말들과 새싹이 돋는 순간,
실타래 같은 말들을 풀지 못하고
뱃고동 소리만 어둠을 풀어놓는다
손님이라고 안방을 내어주고
처마 밑 평상에 웅크린 사자
먹이를 보고도 군침을 흘리지 않는다
꼭 한번 사자의 밥이 되고 싶었는데
두근거리는 마음을 붙들고 뒤척일 때
슬그머니 옆에 와 눕는다
선을 넘고 마는 사자의 습성
은밀한 곳은 눅눅한 장마철이 되고
무인도 숨소리가 거칠어지자
뭇별들이 곁눈질하며 낄낄거린다

연리(蓮理)가 되어버린 밤,
힘이 다 빠진 널브러진 낙엽처럼
붉은 이슬에 영원히 묶이고 싶다
기댄 등줄기에 끈끈한 사랑의 향기
곱게 물든 사연이 살아온 세월
실루엣 같은 시간을 되돌릴 수만 있다면

거울

미끈하던 길이
허리띠를 던져 놓은 것 같다
포장해도 포장일 뿐이지만
거울 앞에서는 예쁜 꽃이 되었다
허세일까, 아님 시샘일까
가끔 그녀는 시든 꽃잎을 보여주며
나이대로 살라고 핀잔을 준다
낡은 옷이라도 손길을 주면
꽃이 되는 거라고 변명하지만
깊이 파, 헤쳐도 뽑히지 않는 생애
삶의 굴곡이 백과사전이 되어있다
늘 진실만을 보여주는 그녀
세월을 비며 사는 법을 물어봐도
오늘도 입 틀어막고 말없이 지켜본다

수박

태어나면서 까만 줄무늬 옷을 선물받았다
세월 따라 몸은 공 같고 무늬는 선명해졌다
설익은 꿈도 부풀고 넝쿨은 미지로 뻗어나갔다
탯줄에 매달려 꼭지 젖을 물고
땡볕으로 제 속살을 달콤하게 익혔다
그러나 대를 이을 씨는 없다
침을 뱉듯 버려지는 존재들
뿌리 내릴 곳 없어 허무하게 사라진다
몸값이 농부의 대출금을 대신해 주지만
매미처럼 여름 한 철을 살 뿐이다
인고의 시간을 농부의 꿈을 지키려고
냉장고에서 제 일생을 얼리고 있다

폐지 위의 하루

낡은 세간살이를 매달고 간다
재개발 열풍으로 쫓겨나
낡은 옷에 찌그러진 상자를 타고
떠도는 가난한 어미와 아들
구겨진 상자는 아픈 자식 같고
은빛 머릿결은 갈꽃처럼 흔들린다

삶의 골목에 한숨을 깔고
천 원짜리 주머니의 허기를 채운다
찌그러진 냄비의 사연을 싣고 가는 손수레
해거름 고물상에 쌓이는 폐지 같은 하루를
잘 끌고 왔다고,

끝없이 내려가는 계단이 있겠는가?
어두운 불빛에 늦은 저녁을 짓는 노인
쓴맛과 단맛을 버무려 하루를 달래고 있다

눈이 침침한 저녁이 안부를 묻고 간다

홀지풍파(忽地風波)*

칼끝보다 날카로운 풍파도
막아선 치마폭이었는데
행복의 체온을 느끼기도 전,
태풍이 불어와
두 갈래 길에서 멈추고
긴 한숨을 입안에서 굴린다

곁에 오래오래 있어야 할 사람
허기를 달래주던 언니의 암 소식에
말을 잃은 소리 새가 되었다

직장암!
비명 같은 외마디에
맑은 호수조차
그림자를 품지 않는다

*갑자기 일어나는 풍파를 말함.

개구리 장례식

햇살이 그려낸 그림자 위에
봄의 절규가 걸려있다
개구리 합창이 아침을 깨우는 공원
울음소리가 넘쳐 웅덩이가 출렁거린다
개나리도 화들짝 눈을 뜬다
젖은 낙엽 위
배를 뒤집은 개구리 한 마리
누가 돌팔매질을 했을까
서늘한 두 다리 사이에
억울함이 꿈틀거린다
지나던 발걸음들이 멈추고
문상 온 명주바람도
젖은 낙엽을 흔들고 있다
외눈으로 조문하는 개구리알들
졸던 햇볕도 장례식장에 들어선다
끝내 울음소리는 묘비명이 되고
개구리 상여 따라 아지랑이도 떠났다

교정(校訂)

삼삼오오 모인 눈빛은
이탈한 글자를 찾아 제자리에 앉힌다
몸에 맞게 가봉하는 옷처럼
늘어난 문장과 솔기 터진 글자들
각각 품에 맞춘다
한 땀 한 땀 글자에 매달린 눈빛
종일 문자의 사막에서 충혈된 눈에
안약 한 방울을 수혈한다
안개를 걷고 다시, 오타를 찾는다
침묵하던 문자들이 순서를 기다리고
가출한 자식을 찾는 어미처럼
숨은 글씨 찾기 눈매가 매섭다
멋과 품에 맞는 옷으로 수선 중인
오월에 태어날 사임당 문학지!

첫걸음

시간의 덫 속에서도 움트는 생명
흑암 속 뿌리의 통증이 봄을 깨운다
동장군을 들치고 경칩은 오고야 만다
가랑비는 봄의 첫걸음
계절의 줄다리기가 한창이다
겨울 끝자락에 속앓이하는 추위
시위하듯 허공에 손 내민 명주바람
꽃샘추위 타전하며 매화의 꿈을 키우고
새순의 굳은 결의를 풀어 앉힌다
삶의 품 안에 안기는 봄 향기
시샘하던 살얼음도 긴 그림자 지우며
골목을 빠져나가고 있다

제2부

사투리 세상사

아따 구미가 여간 땡겨 불고만 잉
쩌쪽에 통장어 탕이 만납다고
여그꺼정 소문이 자자 허당께
긍께 생각만 히도 얼큰한 그 맛에
쎄주 한잔 캬 생각, 나불것쏘

올챙이 시절 잊지 마소
—못난 국회

출세힛따 나대지 말고 은인자중허믄서
돌탑처럼 싸올린 양생의 삶 물거품으로 맨들지 말랑께라
부모 등골 녹아내리는 소리
잊지 말고 살아야 쓴당께!

시상 사는 법부터 배워야지라
올챙이 시절 다 잊고
허울 좋은 개폼 잡고
무지개다리인 양 건너다
와장창 곤두박질 새우등이 된 당께요

자석에게 부모의 진실을 보여줘야
안 그요? 남의 그릇 뺏아
내 이름 석 자 써 놓고
작대기 걸음 걷지 말고
거울 속 양심을 디다보시요

한 뺨, 낮부닥에 철판 깔고
조기 두름처럼 엮여
금팔찌도 아닌 은팔찌 낀 양심,
자식이 뭘 배울께라
미꾸라지 맹이로 요리조리 빠져봐도
거물 망 못빠져 나가잉

청정한 명패 하나 싸리대문에 묶어 놓으믄
대대손손 영광의 가문으로
빛날 것인디,
뭐땀새 인분보다도 못 헌 종이때기 검어쥐고
개망신을 당허는지,
요즘 가면을 쓰고 두 얼굴을 가진 의원들이 지천이라
참말로 속 터져 불고만 안 그요?
그라재 그라재 잉,
참말로
아가리에 꽉 찬 그놈 욕심이 원수랑께라
때늦은 후회의 얼룩은 주홍 글씨처럼
자석 앞에 역사로 남는다는 걸 명심허시요

철부지의 일기

사십 리 길 댕기는 학교
땡땡 12시 종이 울리면
와! 밥때다
까만 콩이 메뚜기 눈 맹키로
백힌 꽁보리밥
뺑 둘러앉아 우걱우걱 밥을 묵는디
야그들이 염소 똥 밥이라고
객광시론* 소리를 했쌌는당께

순이 도시락에 보름달이 뜨고
전학 온 영희 도시락엔
흐건 쌀밥 위에 뽈깡 쏘세지가 꿈틀거리고
내 목구멍은 당그래질을 헌다

나도 까자 사서 개폼 잡고 싶어
달구장에 계란 하나, 돌라 갖고 나오다
아부지헌테 맥살 잡패 허벌창시 불가지게 매를 처맞다
마빡이 터져부렀당께
참말로 쪽팔려 불고만 잉
오매 어쩨쓰까

핵교는 땡땡이치고 점드락
깨구락지와 멱을 감다가
집에 갈라니
또 아부지 회초리가 지랄 나불 것인디
참말로 환장허것당께

개구멍에 포도시 오물씨고 앉아
아부지가 언능 주무새부러야
암시랑토 안 해 불것는디

아따, 썩을놈 모구는 어째서 염병허구
지 배때기 채우것다고
나만 물어뜯고 지날 났데야
참말로 넌덜머리가 나분당께
쬐깐한 모구도 나를 깐보는개벼
안 그요, 솔찬이 거시기 허고만

*상황에 얼토당토 않는 말을 했을 때, 모구―모기.

쌍가마 속 노숙

금빛 넥타이
파리가 낙상할 구두
떡 벌어진 어깨로 폼 잡을 때
갑자기 모여든 일벌들
IMF 실직자가 되어
빈 꿀통 속에서 허둥댄다

밥그릇 채우지 못한 동전
건달 손에 뜯기고
대문 밖 장승처럼
길가로 내몰린 신세들
밤새 잃어버린 꿈을
차가운 소주로 가신다

구걸한 밥주발 눈물로 채워도
눈치 없는 뱃속은 늘 허기지고
지난날 일곱 첩 밥상 앞에
배부른 투정 죄스러웠다
밤이슬이 된 별들의 눈물이
빈 박스 안에서 몸을 녹이며
옛 영화를 꿈꾸는 세상

버려진 밥알들이
목구멍에 뿌리를 내린다
길거리 노숙자들
남 일로 생각했는데
발걸음마저 신세타령을 했다
내 웃음을 빼앗던 눈길들
신세가 이 꼴 되고 보니
모두 등 돌리고 모른 척한다

칠면조처럼 변하는 속내
올챙이 적 모습 생각하라고
허공의 빈 까치집을 바라보며
초심을 잊지 말라고 침을 뱉는다

신세타령

썩을 놈의 코로나는 시상을 잡아묵는당께
이 노릇을 어째쓰까
디져 불자니 억울하고
살자니 쎄삐게 고상이랑께
눈꺼죽을 뒤집어봐도 끝이 안 뵈는 시상
애라 꽉 한번, 뒈져버리고 십단깨라

그려도 내맴 맨저주는 것은
쐬주 한 종제기
석사흘 동안 고치당에 멸치 찍어 퍼마시는디
지네 발이 가슴팍을 파먹는 것맹이로
상처에 소금 뿌린 것 같다

홀라랑 뒤집힌 창시를 가란치고 싶어
쐬주 한 모금에 열무 한 이파리
조곤조곤 씹음시롱 마셔 불고 있는디
담 넘어 주모네 매운탕 냄새가 카,
콧구멍을 더듬은께
디지고 싶다는 맴은 줄행랑 쳐 불고

흔들리는 이승과 저승를 왔다 갔따 허믄서
라맨 쩍 국이라도
한 모금 마셔볼면
디이져 부러도 원도 한도 읍 것따

술이 깨고 난께 볼 태기는 달덩이가 되고
으름 냉맨도 묵고 싶고
알싸한 홍어회도 한불태기 생각나네
거 참 내 주뎅이가 가관도 아니랑께

새끼들은 눈앞에 알짱알짱
등록금 쪽지가 문고리에 걸려있는 것을 본께
정신이 바짝 들어 불고만
든 놈의 이런 시상이 다, 이따요
쎄바닥을 깨물고라도
악착같이 살아봐야제
안 그요 잉
그라재 그라재

하늘에 매달린 벌집

딸 하나 이쁘게 키워 논긴데
하늘에 매달린 집으로 시집 안 갔나
날 좀 보소! 날 좀 보소!
전화통이 요란을 떤다
와 누꼬

어무니 숙이래요
잘 있었나 서방도 잘 있꼬
아도 햇교 잘 댕기나
어무니 내 서방* 하꼬 함구로
숨구어서 걷어드린 감재래요
내일 갈끼래요
쪄서 맛있꾸로 묵으소
꼬시꾸로 참지렁도 한 병 넣어얘

산골에는 추만 눈이 많이 오드래요
개울 개는요 나 돌아댕기다 자빠지만요
고배이 훌렁까지고 잔대이 다치노만요
컬 나드래요 추만요 밖에 안 나가드래요
강원도 산골은 시방 살기 참 좋드래요
어무이 내 서방이 한 본 댕기가라카내얘
버떡 올라오소 기두릴 끼라요
알것는교
꼭 오이소 부탁 험이데이
알았다고만
따신 날, 눈깔이 빠지도록 버들에 고상 많이 했드래요
우야꼬 짠하다 아니가
알았따꼬마

*사위 성씨가 내씨.

식겁했다

 서울 자슥 집에 가느라 택시 쫌에 안 탓십니꺼
 달랑 무가 타고 댕긴 것이 벌써 칠백 환이 붙어 있었십니더
 할머니 어디로 모실까요?
 머랍니꺼예?
 주소를 알려주세요
 주야 됩니꺼?
 서울애, 내복구애, 속옷이애, 음부리애, 소랫길애 1번지입니더
 이름을 알려주세요,
 주먹 주애, 먹을 먹애, 큰손애 주먹손이라 안 헙니꺼

 빵빵, 다 왔습니다
 천 환이네요

 뭐라꼬예?

나가 삼백 환어치 밖에 안탓십니더
와 내한태 고랑떼 미길라고 이라능교
아자씨 눈에는 우수봐 배여도
이 늙은이 알 것은 다 안다 아입니꺼
우야꼬 그 말이 이 말이라 맞네예
똘이 어무니가 서울 가면 코 조심허랍디더
눈까쟁이 까고 코 잘라간다하데예
삼백 환어치 밖에 안 탓십니더 와

할머니 기본이 칠백 환입니다
기본이고 지랄이고 당신 달랑무가?
꼬시구시로 댕긴 걸 와 네 탓이오?
아자씨 양심 쪼까 뒤집어 보소
네사 어째서 그 돈을 물것써예
할머니 그게 아니고요

안이고 껍데기고 홀랑 뒤배 보면 알 것시라예
당신 석삼 일 굶은 호랑이한데
던져주어도 대가리 흔들고 줄행랑 치겠십니더
아자씨 양심 없습니꺼?
개종자들이나 그런 짓 헙니더
아자씨 보인께 바가지가 쌍 바가지네예
우리 자석이 공찰서 뺑뺑 도는 의자에 앉자있어예
버떡 수습하소
알믄 아자씨 지기 뿐데이 알아예

옴마 귓구녕이 절벽인갑소

할머니는 뻐끔대는 주딩이를 보고
팔십 프로 입을 맞춘다
할머니 고도리로 내가 났어요
뭐여, 고양이가 알 낳다꼬?
광박도 났어요
광에 도둑 들어왔어?
할머니하고 답답해서 화투 못 쳐요
염병 사둔 빙허고 자빠졌네
개지랄 말구서 후딱 짝이나 맞추어 봐
호랭이가 칵, 씹으로 오기 전에
진짜 할머니 쪽팔려서 안 할래요
음마 거시기가 빠졌어
썩을 년 빠질 거시기나 달렸디야
알꼬 할머니 그만하자고요
먼여 뒷집 불났다고 먼 불 났디야
할머니 입에서 욕불났지요 욕불…
야야 어서 바가지로 물 퍼부어라
엉댕이 뿔난 소 새끼 타죽으면 어찌여
종자소 샛긴디 으쯘디야!
야야 쏜살같이 가보랑께 그리여

은쟁반에 구슬치기

매 때마다 맬강 워치게 뺄밥을 현대유 야
장화발르다 묵어야 쓰것씨유

살다 보면 진밥도 묵고 모른밥도 묵을 쩍 있지 안 그요
까탈은 먼 늠의 까탈이요
낸중에 잘 허먼 쓰제 잉
허구헌 날 입맛에 어찌 맞춰 산다요
워따 당신이 잘났으면 나도 잘났쩨
나 아니면 디진다고 목매달면서 콧구멍이 납짝허게 업어지드만

올레 개갈나게 허는일이 읎잔여
그 꼬난 일로 대단혔잔유 글씨 냅두고 가서유우

느그 집 가라고라
뚫린 게 주딩이라고 히도 너무 허는 거 아니여요
혹도 하나 읎는 나가 냉길 정도 읎고
당신 주딩이 꽉 처물고 밥 못 처묵을 때까지 안 올랑께
김소월 선상님 맹이로 냉이꽃이라도 쪼까 땡겨부시오
나가 품 잡고 살랑살랑 가불랑께요

그라믄 지 시상일 턴디 그랴 말 잘했네
어여 가란게유 야

죽 밥좀 힛다고
그밥 처묵으면 주딩이 불어틀까봐 그요
뭣땀새 고로코롬 히야쓰것쏘 잉
나가 시방 오장육보가 뻐처서 허벌나게 거시기허요 잉
인역 디저도 눈물 한 방울 안 쏟을 것인께로
가야 쓰까 말어야 쓰까 이 노릇을 어찌야 쓴단가

맴돼르 혀유 속 풀리거던 도란장날에 봐유 야

은혜를 갚아야 맴이 게보와

갯뻘서만 진주를 캐는 줄 알았는디
시, 낭송 강의에서 진주알을 캣당께라

나가 완전 흑사리 껍딱이었는디
조단조단 말을 혀라고 겔처주고
고향 말에 날개를 달아준
시, 낭송회장님 허벌창시 볼가지게 고맙소

뭐니 뭐니 히도 처묵는 것 같이
더 중헌 것이 어디 있당가 잉
신사임당 회장님 덕에 뽈간 쏘세지 싸맨
김밥에 거시랭이 같은 국시
달구 새끼 국물보다 더 개미진 쩍국물에

눈꾸녕이 희미헌께 밀 국시인 줄 알았는디
주뎅이가 오뎅국시 대령이요 허드랑께

워매워매 옹골지게 좋아 봄 시롱
아따 요것이 천국이네
항꾸로 앉아 수말시럽고 이정스러운 정 땜에
낸중에 은혜를 꼭 갚아야지
암시랑토 안고 맴이 게보와
안 그요
그라제 그라제 잉

장터 풍경

찍쭉헌 햇살이 깔려 있는 시장통
골목에서 언처사는 건달식기 별명이 앞이빨이랑께
무단이 어물전 생선박스 툭, 찬다

잡풀맹이로 비릿한 말들이
길바닥에서 폴딱폴딱 뛴다
염병하고 자빠졌네
염라대왕은 뭐허구 있디 야
저 썩을 놈 안 잡아간당가 잉
빨간 나팔을 억세게 불어부는 아짐

아따 성님 좋은 것들도 지천인디
뭣 땀새 저런 재앙덩어리를
데꼬 가겄쏘 안 그요
염라대왕이 겁나게 똑똑허요
아무짝에도 애비가 못 쓰게 업어져서 내질른 새끼인 갑소잉
 긍께 말이여

북새통 속에 달짝지근한 말들을 소내기처럼 쏟아내는
정육점 아제,
눈꾸녁이 보배요
돼지괴기 한 근에 천 원
싸게싸게 오씨오 엄니, 이모님
마빡이 대박 터져부는 날이요
태풍에 끌려오듯이
새 떼 맹키로 구름밭을 이룬 오후

쩌쪽 구석에 푸성귀 한 움큼이
찢어진 박스 위에서 시들고
할매 눈꺼풀은 꾸벅꾸벅
갈퀴손은 이월 꽃샘바람을 맨지고 있당께

꽃불로 끓인 탕

영취산 꽃불 연기가 상춘객을 부르고
소문이 자자헌 짱뚱어탕
가마솥에 꽃불이 활활 타오른다

아따 주뎅이 입방정이
천리만리 날아뎅긴께
밤새 짱뚱어 목줄 딴 주인장
눈꾸녁이 빨간 앵두 같구먼

주뎅이에 짝짝 달라붙는 한 뚝배기 헌
물오른 모시 매들
개미허리 가시네를 보고
침을 질질 흐르것당께잉

꽃구갱은 건성이고 사람 꽃에
넋을 일어불었어
골짜기마다 꽃잎 흔들리는 소리에 산새들도 기절 허것소

혓바닥을 후르치는 그 맛은
머니머니 히도 아랫역이 최고랑께
그라재 그라재 잉 안 그요
나가 한 뚝배기 묵고 늦둥이 봤어라

거리두기
―쩌만끔 떨어져

죽에 물 탄 듯 술에 물 탄 듯이
시상은 어수선험시롱
따르릉따르릉 벨 소리가 요란스럽다

여보시오
예, 어머니 저희예요
야야 느그도 벨일 읎냐
존화 줄 타고 콜레란가 머싯갱이가 올 깨매
갭이 나는디 느그는 어쩌냐

워매워매 그놈 거시기 땜시롱, 겁나게 욕봐쌓지야
엄니도 외출 조심하세요
잉 그리여
산골인께 껵정 안 혀도 된당께

아무쪼록 넘들 많이
매이는 곳은 멀찌감치 떨어져 눈치껏 살아야 쓴단 말이다
느그도 껵정이지만 넘들헌티
폐 끼치믄 쓰것냐
못 쓰제, 잉

느그들도 보고 자픈디
썩을 놈의 거시기 땜시롱
떨어져 살라는 벱이 생기고
위기일발의 순간이 되믄서
껄쩍찌근헌 시상을 맹그렀당께
머니혀도 살을 맞대야 정이 오 간다

어머니 아무쪼록 건강하시구요
잉 그리여
온천지는 시한 들판처럼 휑허게 강쇠바람이 분께로
오냐 낸중에 보자

황금 달

발걸음 소리 한숨 소리 주워 먹고
부풀린 초록 달
삼복더위에 태양 빛 둘둘 휘감고
덤불 속에 숨어 웃다가 늦가을 여문 햇살에
첫서리 삼키고 얼굴을 드러낸
황금 덩어리 호박
시월 그믐에 좀도둑 손님이 오실까 봐
거리에 가로등 밝히고
황금색 휘파람 불며 농부의 손길이 바쁘다
현관문 옆, 켜켜이 9층 석탑처럼 쌓아 놓는다
만고풍상에 시달리며 늙은 어머니 얼굴에
황금빛으로 치장한 존재의 상품으로 변했다
좁은 틈새에서 후생이 답답해서인지
검은 반점 꽃이 여기저기 개화를 시작한
그 속이 궁금해
무섭다 거부하는 칼끝으로 단단한 벽을 짝 갈라봤다.
반쪽 속 하얀 사리가 내년 햇살을 품고 쏟아졌다
세상 풍파 다 겪으며 몇십 년 수행했는데도
뒤돌아보는 회한
사리 하나 얻지 못한 부끄러움 되뇌며
조심스레 반쪽 사리를 모셔 놓고

껍질을 깎아 반쪽은 채를 쳐서
양파와 곁들여 부침하고
반은 압력솥에 푹 고아 새알심이 넣고
보름달을 하얀 주 발에 담는다
웃음꽃이 만발한 향기 속에
손가락에 낀 금반지보다
현관 앞에 앉은 손님 옷자락이 황금으로 빛난다

할매 푸념

먼 지랄로 불철주야 울어싼디야
낮 밤도 분별 못 허는 푼수인 것 같어
달콤한 꼭두시벽 단잠을 깨붐시롱

새백달 지는 소리에
쓰를 쓰르르 한 마리가 시작허믄
수십 마리가 자지러진당께

쟁일 주뎅이 부러트게 울어쌍가잉
속 시끄러서 죽것다
아가리가 엉간이 실엉 갭애
해거름꺼지 울어 쌓는것이

느그도 날 더운디 참 욕봐쌌는다
목이 바튼 것 같은디
째꼼 쉬었다 울면 안 쓰것야
나가 씨알도 안 매끼는 소릴 했쌌는다

영감탱이가 3년 전에 떠남시롱
후탁 델부로 옴새하며 손도장 꾹 찍더니
요강 단지인가 요단강을 건너믄서
깜박 잊어부렸나 봐

시간이 얼마 안 남았는 것 같은디
느그도 그야, 일주일 노래 불고 놀자고
7년간을 땅속에서 면벽한
깝깝헌 속을 다 털어불고 가거라

나도 갈랑께 맴이 쪼까 껄쩍찌근허다만
가는 세월 못 잡아매고 사는 것이
인생살이랑께
이녁은 자석들 다 장성혀서 지 갈길 가고 낭께
참말로 맴이 개보와

방굉일*

늦잠을 퍼질러 자야지 맴 묵었는디
땡땡 시계불알은 다름질을 치나 베

담 밑에 자빠져 빠끔살이 험시롱
두 발모가지 비비며
낮 부닥에 콧물 보르고 울던 때보누나
볼써 시집간다고 예식장에 가는 날이다

뿔끈 내꼬타이 때 빼고 광내불고
잿밥에 맴을 품고
널브러진 음석 묵을 생각에
주례 선상님 야기는 콧등으로 듣고

허기진 뱃꾸레는 후닥닥 자리를 잡고
벨난 음석 냄새는 눈빛을 막아서고
을 메나 걷어 묵었는지
배때기는 보름달 맹이로 빵빵 허구

뚝방길 걸어옴시롱 내 배 사씨오
따땃헌 햇살은 어깻쭉지에 앉아 놀고
오리 궁뎅이 맹이로 씰룩씰룩 흔들고 왔당께라

귄 있고 이쁜 때보누나
낮부닥이 눈가에서 알짱알짱
오늘 저녁은 어째 쓴다냐!
생각이 남시롱 심통이 나분당께라

*반공일. 토요일의 사투리.

한 종재기 꺽정

공부허러 갈 채비를 챙기면서
꺽정을 한보 새기 덜어 놓고 가야 쓴당께
손녀가 핵교 끝날 시간이 1시 50분인디
내 공부는 1시부터 시작이랑께

친구 할매 따라서
건널목 손들고 와야 쓴다
단단히 일려 보냈는데
그러도 맴이 무구와

델다 놓고 가믄 맴이 개보온데
썩을 놈의 공부 째곰 헌다고
손녀 건사 제대로 못 허구
아무짝도 쓸모가 읍는 할미 같애
이따가 공부허구 와서는
항꾸로 겁나게 놀아 줘야재잉

장마에 풋것 크듯이 커부러라
할매들이 손자 손녀들 땜애
허리는 굴렁쇠기 되어 불겄다잉
이러도 걱정 저리도 걱정이
나를 꽉 잡고 있당께
안 그요 잉, 그라제 그라제

주딩이가 귀에 걸린 반찬

이녁끼리 묵는 밥상은
정이 넘치는 반찬 걱정반찬, 웃음반찬이
버무려져 한 상씩 차려지고 있소

옆집 아짐 아재 사랑 쌈박질이
담을 넘을 때는 가마솥
숙염맹이로 꼬신내가 난당께라

손지 투정반찬은
오렌지가 톡톡 터지는 것 맹키로
시콤달콤 헌당께라

타지 자석 잘된다는 소식은 호텔 음석처럼
대박 냄새가 귓구멍을 깜짝 놀라게 헌당께라

초등핵교 모임이 있는 날
철읎던 야기 반찬들이
짬뽕 국물처럼 개미진 맛으로
뒤섞여 귀를 호강시킨 당께요

별난 귓떼기 달고 사는 친구도 읍고
우리 모임은 맛이 참 좋아부러라
호탕한 웃음반찬이 시상을 즐겁게 맨드요

먹물 시수 가문

출세힛따 나대지 말고 은인자중허끔서
양생*의 삶을 물거품으로 만들지 말랑께
부모 등골 녹아내리는 소리
잊지 말고 살아야 쓴당께잉

땅덩이 기우는 소리에 귓구녕 대고
시상 사는 법부터 배워야 쓴당께로
올챙이 시절 잊고 허울 좋은 개폼 잡고
무지개다리 인양 건너다
와장창 곤두박질 새우등이 된당께

자식에게 부모의 진실을 보여줘야재
명지 바람결처럼 살믄 좋을 것이고만
남의 그릇 뺏아 내 이름 석 자 써 놓고
먹물 시수한 추한 모양새 샛경을 보랑께잉

한 뺨 낯에 겹겹 철판 두른 낯짝
세상 구석구석 걸어놓고 금팔찌도 아닌
은팔찌 낀 양심들 낯짝이 부끄럽당께
청정한 명패 하나 싸리대문에 걸어 놓으믄
대대손손 가문의 영광으로 빛날 것을

뜬구름에 매달린 썩은 양심을 털어내고
청정하게 살으랑께잉
부모는 자식의 본보기라는 걸 망각하지 말아라
오매오매 뭣땀새 자식 앞에 조기 두릅처럼
줄줄이 엮여 끌려 댕긴당가 안 그요

*몸과 마음을 건강하게 오래 살기를 꾀함.

창시가 요동치는 그 맛

아따 구미가 여간 땡겨 불고만잉
쩌쪽에 통장어탕이 만납다고
여그꺼정 소문이 자자허당께
긍께 생각만 히도 얼큰한 그 맛에
쎄주 한잔 캬 생각, 나불것쏘

영취산 꽃불 냄새에 상춘객이 겁나게 옹삭하고
밤낮 업씨 통장어탕 집은 날밤을 세믄서
장어 목줄 따느라 주인장 눈구녕이 시뻘거 갖고
주댕이 광고설에 질 가상에 쓰나미처럼
상춘객이 몰려들고 있다 안허요!

국자 든 손은 눈물 반 콧물 낯짝으로
한 툭배기 허문 아들 없는 남정네 꺾정 읍고
개미허리 가시네들은 볼딱지기가 꽃잎 맹이로
부풀어 불면 물오른 모시매들
츰을 질질 흘리게 헌당께라

어서 오기요 멀리서 여그꺼정 온다꼬 욕봤쓴께
한 툭배기 허고 가시랑께라
통장어 끓는 냄새에 죽은 엄니도
뽈 딱 잰걸음으로 온
탕이 보글보글 끓는 소리에
보글이 이름 가진 놈이 지헌테 욕헌다고
가마솥 밑창을 깨브러서 시간이 쪼까 걸리요

얼큰헌 국물에 톡, 쏘는 쎄주 곁들여 불면
쌍둥이가 나올는지 당아 모른당께라
머니머니히도 입맛 후려치는 먹거리
아래쪽이 최고여… 안 그요

두 주딩이 풍년

앞서거니 뒤서거니 봇따리들이
입방아를 찍고 간당께 잉
콩새 엄니 머 팔러 가는가?
예 아지매 콩 서너 말 팔려 간당께라
근디 아지매는 무신 보따리래유
잉 텃밭 짓거리 석단 뽑았네
아지매 소식 쪼매 들었씨유
아따 먼 소식 있단가
올레 아지매 귓구녘이 절벽이고만
먼디 그리어 싸게 히보랑께
꺾쇠 지집이 달팽이 중절모에 빠져
쩝쩝허다 사단이 나 분께
낯짝에 도라지꽃이 활짝 펴부렸어
긍께 지 서방 두고 어째서
너무 서방 다리 걸쳤대야
콩 타작 힐만도 허네
즈그들 알아서 허것쩨
국밥이나 한 그릇 묵고 가자고
앗 뜨거!
올레 주딩이 홀딱 벗겨져부렸네
콩새야 누가 안 쫓어온당께

싸목싸목 묵어 걸식거린것 맹이로
왜 그렇게 나댄대냐
너털웃음에 해는 서산에 기울고
코 꾀인 동태 입에 수다를 물고
결판진 저녁 밥상 웃음꽃이 활짝 피었다

거시기 아부지

1980년 5월 18일 새벽 5시 10분,
총알을 맨몸으로 막아 보지만
소나기처럼 퍼붓는 총구에서 피를 토해냈다
잠자던 아들이 벌떡 일어나
똥 매란 강아지 맹이로 안절부절 허는 것이
아무짝도 껄쩍지근혀서 아야 왜 그런다냐
아 나가 알아서 헐께요
조국이 부른단 말이오
거시기 아부지 쪼까 일어나 보시오
지아비 허는 소릴랑 고작,
야 죽고 잡냐
골방에 자빠져 있으랑께
우당 탕탕 소리에 끌려 나간 아들
학생들과 시민들이 총알을 품고 쓰려진 거리
흐르는 핏물은 장마철 황토물 같았다
총알이 뚫고 간 금남로 거리
피비린내가 어시장을 방불케 했다
산짐승이 포도밭을 짓밟아
보랏빛 지옥이 되어버린 금남로
스러진 젊음이 으깨진 포도송이처럼
민주화를 외치고 있었다

가마솥 콩 볶는 소리는 자석을 데불고 가고
아들은 어미를 버리고 망월동에
이름 석 자를 묘비명 새겨 놓았다
소태같은 한을 씹으며 살아온 46년 세월
어미 눈에는 가뭄도 읍고
질척한 장마 속에서 너만 기다리며 살아왔다
5월이 오면 민주화 꽃은 피고 지는데
못다 한 너의 한은
민주화의 꽃향기가 되어 망월동을 떠도는구나!

옛날로 가는 길목

한숨 소리가 돌멩이처럼 구르는
깔끄막에 매달린 슬레이트 지붕
바람이 몰고 온 재개발에 서민들이 술렁인다
몇 년 새
먼 역사 속으로 사라진 달동네 터

지폐처럼 쌓인 임대아파트 그 속엔
여름날 가뭄처럼 고달픔이 길다
푸른 초원 거센 바람에 누었다가
들풀처럼 일어나는 힘겨운 삶

마늘 까서 부업 하던 옆집 아줌마
단칸방 커튼이 벽이 되고
부부는 늘 단비 기다리듯
환경미화원 일 나간 남편
낮 거리에 들어온다는 푸념이 쏟아지면
들꽃 같은 서민들 웃음소리가 달동네를 흔든다

가난이 양파 껍질처럼 껴안은 달동네
헉헉 거친 숨소리 골목길에 떨구면
할머니 굽은 허리 펴듯 힘겨운 일상은
철부지들 재재거리는 소리가 희망이었다

제3부

눌러쓴 엄마의 이력서

박꽃 같은 소복은
길 위에 통곡 소리를 수북이 떨구고
흰 국화꽃은 곡소리에 묶여
육 남매 눈물 소리 선산으로 걷는다
자식 걱정이 어디 백두 송이뿐이었으랴

천년의 향기

거미발처럼 내리는 고요함
밀어내는 작은 손전등 불빛
대협곡 같은 설악의 껄떡 고개
검은 보자기를 두른 소나무가
벼랑에서 떨고 있다
알현(謁見)하러 가는 길
세 갈래 에움길 망설임도 잠시,
여명에 어둠은 영토를 잃고
밤새 참았던 숨을 토해내며
봉정암 풍경 소리가 울려퍼진다
수렴 계곡 이슬길 따라 일곱 시간
바람 소리만 수런거리는 산 허리춤
열두 병 폭처럼 겹친 산 능선들
삼보일배 발걸음이 고개를 넘는다

석탑 이끼 가사에 젖어 들면
백팔번뇌 이내 사라지고
번뇌뿐인 속가의 삶을

스님의 법문으로 가신다
영혼의 허기를 채워준
밥 한 주걱에 오이무침 세 쪽
작고 하찮은 것에 대한 깨달음이
깊은 계곡을 유유히 흐른다

엄마꽃 필 무렵

태풍이 불면 꼿꼿한 몸으로 버티고
노도(怒濤)가 밀려오면
치마폭으로 막아서던 엄마

비에 젖은 그림자가 바람에 흔들리듯
상처에 소금물이 배인 것처럼
쓰리고 아픈 세월을 어찌 견뎠을까

아이들 눈빛에 목숨을 건 세월

시계추처럼 반복되는 일상의 좌절
넘어지면 일어서고 또 일어나
한세상 아등바등 떨군 웃음소리가
울안을 채울 때쯤

거울처럼 맑은 하늘에
갑자기 몰려온 먹구름
소낙비를 쏟아내고
인도 밀림 사체화꽃* 한 송이
왼쪽 가슴에 뿌리를 내렸다

*일명 벌레잡이꽃.

참깨의 가출

하위권은 그 아이 몫이었다
교실의 아이가 별안간 가출했다
무너진 하늘
숨이 멎는 시간이 몇 년 흘렀다
기다림을 깨는
요란한 벨 소리는 아들 목소리였다
말문이 막히고 눈물이 먼저 매질한다
기대에 미치지 못해 탈선했노라고
기름때가 손톱을 파먹는 정비업계에서
내일의 사업가를 꿈꾸고 있다는 아들
양은솥에서 볶던 깨가 튀어나와
밭둑 모퉁이에 싹을 틔우고
엄마의 눈물은 깨알이 되어
양념처럼 꿈을 무치고 있는 아이를 북돋는다
하품하는 가로등 사이로 푸른 해가 떠오른다

천왕봉의 미소

가난을 덧대어 꿰맨
꽃 한 송이 만들어
원판 위에 돌리면서
행복한 웃음 쏟아내던 당신

근심 걱정 털어내며
돌아가는 세상 바퀴 소리에
청춘을 함께 돌리던 당신
동백림 간첩 사건에 연루돼
태풍 아닌 태풍을 막아서며
순정한 소년의 꽃향기가 짙다

지리산 천왕봉 산 중턱에 서 있는
생전 소원이던 중산리 귀천 시비
행복을 머금은 당신의 미소처럼
찢긴 꽃잎이 소풍 떠나 저리 웃고 있네요

합격 통지서

학원 강의며 과외는 빚처럼 쌓이고
어미의 소금기는 자식 걱정뿐인데
한숨은 머윗대처럼 쑥쑥 커간다

희망은 종종걸음으로 고3이 되었고
투정이라도 부리면 덜 미안할 텐데
애어른처럼 철이 먼저 든 아들

불합격통지서가 불효가 될까 봐
11월 밤은 어둠을 짙게 둘러놓고
온몸이 통증으로 욱신거리는 순간,

쪽잠 속에 펼쳐진 꿈
금부처, 은 부처, 동자승 세 분
사찰 부처님이 물가에 계시니
불길한 생각을 떨칠 수가 없었다

재수 근심으로 잠 못 이룰 때
연세대, 외대, 인천대
합격 통지서가 경주하듯 도착했다

대어 손맛이 이런 것일까
외대에 가고 싶어 했던 아들은
서울 3대 명문대에 입학하면
문중에서 쌀 두 가마니 준다고 했더니

쌀가마니가 아들을 번쩍 들어 올렸다

백두 송이*

막내가 왜 안 온다냐?
말 한마디 그늘로 남기고
말 문을 닫아버린 그 모습
멈칫멈칫 뒤를 보며 걷는 구름
일 년에 한 송이씩 피워올린
백두 송이 꽃송이
다 닳아버린 어머니 손톱 같다

박꽃 같은 소복은
길 위에 통곡 소리를 수북이 떨구고
흰 국화꽃은 곡소리에 묶여
육 남매 눈물 소리 선산으로 걷는다
자식 걱정이 어디 백두 송이뿐이었으랴

*타계하신 어머니 연세

들꽃 닮은 엄마

소낙비에 쓰러지면
지나가던 바람이 손 내밀어
헝클어진 머리칼 빗겨주고
밤이슬 맞아 누운 자리
아침 햇살이 일으켜 세운다

어떤 하루는 사탕 같고
또 하루는 익모초처럼 씁쓸하다
손에 쥔 행복이 사라질까
엄습해 오는 두려움을
인제 그만 놓아주고 싶다

한숨으로 얼룩진 엄마 행주치마는
가족을 보살피는 관세음보살이
들어와 계신다
엄마의 허리띠 졸라 산 세월만 휑하다

만학

명주바람이 밀고 온 햇살이
그려낸 그림자
봄의 절규가 기지개를 켠다
북풍 설한에 찢어진
땅거미 뚫는 새싹을 보며
망설임도 잠시,

뒤늦게 내딛는 만학의 길
계곡처럼 깊은 터널을 건너면서
금수저들 졸업장으로
함부로 내뱉는 비수 같은 말들
길 위의 개구리 돌 맞듯 견뎠다

걸신들린 것처럼
먹물 같은 밤을 퍼마시며
절벽 아랫마을 척박한 땅에서 태어나
깜깜한 에움길 돌고 돌아
질경이처럼 살아온 길
서리서리 맺힌 설움 서리꽃이다

오늘도 먹물 담긴 놋그릇을
눈물로 닦고 또 닦으며
늦은 꽃 한 송이 피우리라 다짐한다
달그림자 따라 걷는 수행자처럼
좋은 시 종자를 캐러 내일도 걷는다

고향의 그림자

오색 네온 불이 춤추던 거리
파도처럼 밀려드는 외로움을 퍼마신다
창가에 매달린 달빛처럼
세월에 부대낀 검은 머리카락은
갯벌의 하얀 갈꽃처럼 서걱거린다

논두렁 밭두렁에서 고무줄놀이하던
유년의 배고픔이 그리워
추억의 주소를 따라 고향에 간다

생솔가지 연기에 기침하던 굴뚝
"야야, 어서 와라."
골목길처럼 주름이 가득한 얼굴로
환하게 웃으시던 어머니 모습
어둠 속으로 흩어져 버린다

도래솔 언덕 어머니 산소
묵언으로 수행에 들고
연둣빛 잔디 봉분 치마폭에
두서없는 푸념을 수북이 쏟아놓는다
지나던 소슬바람 등을 다독이고
씁쓸한 고향 냄새 허공에 걸려있다

'사랑합니다.' 이 한마디를
어머니에게 배달해달라고
흰 구름 우표 붙여 바람 편에 부친다

MRI의 눈

의사는 우리 몸이 늘 궁금한가 보다
겉모습 멀쩡해도 아픈 곳은 없는지
국적 없는 바이러스는 없는지
아무런 느낌을 주지 않고도
싹을 틔우는 독풀이 있다
MRI 박사만이 알 수 있는 재능
골목 안 당산나무 밑 신전처럼
암 덩어리가 자리를 잡고 있었다
내 무릉도원에 독풀이 싹을 틔우고
초록 당복을 입은 무속인은
메스를 들고 독풀 싹을 싹둑싹둑,
대 다라니경 외우고 할렐루야
기도는 하늘에 하고 굿을 벌이고 있다
빛이 잠든 길목에도
어둠의 문이 열리고 있다
긴 한숨은 절망의 숨을 깨우고
희미한 생명 줄에 별빛을 내려주고 있다
어둠의 빛과 희망의 빛
낮과 밤의 빛을 다시, 점화한다

절망

절망의 끝에서 길이 보이듯
삶의 극락을 꿈꾸며
수초 밑을 더듬는 물고기처럼
노크하며 유영하고 다녔다

물주머니 하나 달고
일인용 자가용에 대리 기사님까지
MRI, PET, CT, 초음파, 핵의학, 심전도,
갑상샘, 폐, 고밀도 검사
호강 아닌 호강으로 꿈인 듯했다

유방에서 찾은 묵화
갑상샘에 꽃씨 몇 톨 있다며
조직검사를 하자는 담당 의사
천 길 낭떠러지로 추락하는 듯했다

얼굴빛 하나 변하지 않고 말하는
교수마저 미운 생각이 든다
이 풍진 세상 시간이 허락한다면
풋사과 같은 사랑의 향기를
뭇별처럼 뿌리고 생을 정리하고 싶다
다음 장을 넘겨봐야 알법한 삶이다

바람둥이

길목 지날 때도 바람이 일고
멈춰 서도 바람이 일었던
젊음은 그리 오래 가지 못했다
푸른 기억도 하나둘 낙엽이 되고
계절도 없이 털어내던 씨앗 주머니
때로 숲속 다른 새의 둥지에서
들꽃의 꿀을 훔치다 쫓겨
구름 타고 건너던 무지개다리
그 시절도 끝이 보이는구나
달빛에 일그러진 달동네처럼
하얗게 늙어버린 세월에
세 살 아이가 되어버린 당신
목욕할 때마다 빈 씨앗 주머니 꼭 쥐고
동공에서 화살이 날아오는 것 같다
포장마차 번데기만도 못한 물건
아직도 새싹 틔울 꿈을 품고
고집불통 속 비밀들이 쏟아져 나온다
짠한 마음 가슴에 에여와
치매라는 독풀을 뽑으려 하지만
입을 봉한 눈물방울에
대 다라니경이 사리 하나 만들고 있다
꼭 쥔 빈 주머니, 그 물건 어디에 쓸고…

무덤의 슬픔

사랑으로 묶인 자매 같은 젖가슴
나이 일흔이 되어
노도가 휩쓸고 지나간 것처럼
왼쪽 젖가슴 대신 통증만 남아 있다

세 아이 밥주발로 키웠고
공기 빠진 공처럼
남편 노리개였던 젖가슴이었는데
암이라는 불청객이 찾아와

설렘과 사랑으로 채워진 흔적
메스로 도려내고 나니
폭격 맞은 상흔이 자리를 잡았다

항암 치료 소리만 들어도
서릿발처럼 머리가 서고
벌초한 무덤처럼
민둥산이 되어 마음이 횡하다

있어야 할 자리가 비었을 때
사람은 사람다운 슬픔을 가꾸는 것일까?

손길

여섯 빛깔 꽃송이 가꾸던
희고 곱던 손길
거칠게 훑고 지나던 비바람을
사시나무처럼 떨면서 막아주고

한 맺힌 헛소리
펼쳐놓을 곳이 없어
둘둘 말아 작은 가슴에 품고
눈물도 메마른 그 세월

무거운 발걸음 가는 날
구름송이로 지은 하얀 버선발로
멈칫멈칫 꽃자리 남긴 채

다시는 오지 못할 그 길
가고 없는 날을 뒤돌아보며
어찌 혼자 가셨습니까

손짓 한번 못 하고
등불도 없는 그 길을
자식 걱정만 따라가는 어머니

페달

땀을 훔치며 지친 희망을 바느질하는 재봉틀
구멍 난 양말 같은 살림에 등록금마저 보챈다
가난한 집 고지서에 주눅이 든 아이들에게
내일은 꼭 준비해 준다고 먼발치로 울먹이자
엄마 등을 토닥이며 괜찮다고 집을 나선다
미처 꿰매지 못한 가난의 뒤꿈치가 보인다
바늘귀에 걸린 실 한가락도 덜덜거리는데
문틈으로 고개 내민 공과금 날짜마저 독촉한다
아침 거른 언덕 소나무가 졸고 있는 언덕
이불 홑청이 북한산 하늬바람에 연신 춤을 춘다
어둠을 켜고 재봉틀은 희망의 비탈길을 달린다
화려한 나비 날개 위에서 춤을 추는 등록금
아이의 미소를 보며 엄마도 엄마를 흑, 불러본다

3일 월세방

침대 하나가 덜렁 누워있는 방
옷걸이가 빈 장롱을 지키고
작은 서랍 밑 주사위 같은
가로 40㎝ 세로 70㎝ 정도
달팽이 빈 껍질 같은 냉장고

첫 치료를 받는 날
거미발처럼 어둠이 내리고
옆 병상의 뼛속 울음소리
항암 치료의 고통을 바라보며
덩달아 이승과 저승을 들락거린다

어둠이 발끝을 잡아당기고
후줄근한 분홍빛 이불이
몸을 감싸 줄 때 간병인이
저 할머니 병명이 치매라는 말에
졸이던 마음도 느슨해진다

작은 전구는 어둠을 잘라먹고
백지 위의 볼펜 입은
입가심으로 새벽을 낙서하고 있다

굽이굽이 쓴맛과 단맛을 우려내는 것이
인생이 아닐까
아침이 오면 태양은 까치발을 세우고
살아있는 것들의 그림자를 드리우듯

박물관 농장

토마토와 가지 어깨가 무겁다
오크 상추, 케일, 겨자, 청상추가
텃밭에 한 살림을 차렸다

호미를 따라 텃밭으로 가시는 어머니

앞에 서서 에스코트하는 검둥이
하우스 밖 말라버린 갈대꽃이
강아지 꼬리처럼 흔들며 반긴다

머리카락처럼 짙은 잡풀들
호미질 끝에서 땅의 울음이 끌려 나온다
소 잔등의 진드기가 뚝뚝 떨어지는 것 같다
낮달은 밭둑에서 졸고 있고
까마중 열매가 염소 젖꼭지처럼 달려있다

어머니의 땀방울로 잘 다듬어진
바구니를 가득 채운 귀중품들이
식탁 위에서 별처럼 빛나고 있는 저녁이다

소리 없는 통곡

천둥소리 뒤따라온 소낙비에
살점이 떨어져 나가던 시간
두 발목을 붙잡아 준 절벽
알몸으로 한겨울을 어떻게 견뎠을까
서리서리 삼키며 속 이파리 몇 개
길게 늘어진 허기에
바람 몇 줌과 빗물로 목을 축이며
외발뛰기로 삶의 끈을 붙잡고 있었다
일확천금의 달콤한 유혹에
모든 것을 내어준 순간,
절벽에 매달린 처지가 되고 말았다
허리띠에 매달린 삼 남매
썩은 지푸라기를 움켜쥐고
절벽에서 바둥대던 궁핍이
고들빼기처럼 쓰디쓰다
살다 보면 스스로 절벽이 될 때도 있다

진심의 뿌리

전두환 정권 삼청교육대 시절
3일 동안 1시간씩 남편이 사라졌다
나타났다
잘못이 없어도 가슴을 쓸어내렸다
빨간 지갑을 앞에 놓고 나를 부른다
빨래하다가, 깜짝 놀라 벌렁 넘어졌다
남의 돈 이자 이백만 원씩 주던 시절
얼마나 힘들면 나쁜 짓을 했을까?
남편은 걱정하지 말라고 했다
삼 일 전 친목계를 하고 오다가
지갑을 주웠는데,
유리 가게 사장이 수표는 자기가 쓰고
남편한테 현금을 쓰라고 했다고 한다
흔들리는 마음을 바로잡고
주인을 찾아주기로 마음을 바꾸었다고
주머닛돈 7천 원을 남편에게 주며
빨리 택시 타고 방송국에 갖다주라고 했다
한 달 후 경찰서에서 사례금을 준다고
전화가 왔다
정중히 거절했지만, 방송국까지 연락이 왔다
궁핍했지만 당연한 마음 한번 다잡으니

극진하게 초대해 주고 사례금까지 받고
어린아이들에게 떳떳한 부모가 되었다

스트레스 녹이는 공장

춤!
즐거움을 불러오는 주인공 같다
가버린 세월 속에 묶여 살던
옛 어머니들의 애환은
하얀 긴 수건 자락으로
무인들의 손끝에서 한을 풀어냈고
안동 탈춤도 껑충껑충
삶의 한을 풀어냈다
예전엔 흥이었던 스포츠 댄스도
요즘은 일상화되어
팔구십 어르신들도 치매 예방
근육 건강 보험이라고 배운다
젊은이들은 자이브, 룸바, 왈츠를
어르신들은 지터벅, 블루스가 대세다
구지뽕 가시 같은 흉도 다 사라지고
스트레스 푸는 놀이문화가 되었다
소문으로만 듣던 콜라텍
색다른 콜라를 파는 카페인 줄 알았다
춤을 배우고 처음 콜라텍을 출입했다는
말은 머리를 올렸다는 의미다
젊은이들의 은어다
건강과 즐거움을 주는 만병 통치약이다

허수아비의 가을

두 눈 부릅뜬 자원봉사
텅 빈 들녘에 홀로 서 있으니
지나던 바람도 희롱하는구나

솥에서 누런 광목옷 갈아입는 깨알처럼
햇살도 여무는 계절
할아버지 흰 수염은 옥수숫대에 걸려있고
쓰르라미 울음소리에 농익어 가는 가을

들풀도 서럽다 중얼거리니
들국화는 향기 짙은 미소가 보내고

처마 밑에 빈 제비 둥지 속 박씨 하나
내년 봄을 기다리고 있다

거울

반듯하던 길,
던져 놓은 허리띠처럼 표정이 구겨있다
아무리 포장해도 포장일 뿐이지만
거울 앞에서는 예쁜 꽃이 되었다
허세일까 시샘일까
가끔 그녀는 시든 꽃잎을 보여주며
생긴 대로 나이대로 살라고 한다
낡은 옷이라도 잘 손질하면
꽃이 되는 거라고 변명하지만
파헤쳐도 뽑히지 않는 원형의 뿌리
생의 굴곡이 그려진 지도가 되어있다
늘 진실만을 내보이는 그녀
세월을 비껴 사는 법을 찾는 나를,
오늘도 정면의 침묵으로 응시하고 있다

묵화

공동으로 걸어놓은 문패
평생 들락거려도
거절당할 일 없는 문소리

검진 결과에 살얼음을 건너던 오후
전화벨이 눈을 부릅뜨고
초음파 검사를 통보한다

태풍에 까치밥 떨어지듯
덜컹 내려앉는 가슴
세 아이 젖줄이었던 도자기에
묵화가 그려져 있다는 비보다

꼭짓점까지 가망이 없을까
쩍, 금이 가는 눈물방울
새벽 별빛처럼 살고 싶었는데
가을 하늘에 매지구름이 걸려있다

귀로 먹는 반찬

식구들 밥상머리에는
웃음반찬, 걱정반찬이 버무려져 있다
담을 넘어온 이웃집 사랑싸움은
구수한 레스토랑 돈가스 맛이다
손녀 재롱반찬은 오렌지 터지는 맛이다
객지 사는 자식 기다리던 임신 소식은
최고급 호텔 맛처럼 귀 입을 놀라게 한다
초등 친구들 모임이 있는 날
철없을 때 먹던 이야기반찬
철들어 먹는 짬뽕 국물처럼
귀를 호강시킨다
별난 귀 입을 달고 사는 친구들도 없어
엄마반찬처럼 맛이 좋은 모임이다
귀 입이 즐거운 웃음반찬이다

시간을 이기는 어둠은 없다

노금희 지음

발행처	도서출판 **청어**
발행인	이영철
영업	이동호
홍보	천성래
기획	육재섭
편집	이설빈
디자인	이수빈 ǀ 구유림
제작이사	공병한
인쇄	두리터

등록　1999년 5월 3일
　　　(제321-3210000251001999000063호)

1판 1쇄 발행　2025년 8월 31일

주소　서울특별시 서초구 남부순환로 364길 8-15 동일빌딩 2층
대표전화　02-586-0477
팩시밀리　0303-0942-0478
홈페이지　www.chungeobook.com
E-mail　ppi20@hanmail.net

ISBN　979-11-6855-371-2(03810)

본 시집의 구성 및 맞춤법, 띄어쓰기는 작가의 의도에 따랐습니다.
이 책의 저작권은 저자와 도서출판 청어에 있습니다.
무단 전재 및 복제를 금합니다.